明日●之書

關於社會階級

HAY CLASES SOCIALES

明日 之書

關於社會階級

HAY CLASES SOCIALES

文字與構思
育苗團隊
Equipo Plantel

繪 者
尤安·內格雷斯葛羅
Joan Negrescolor

譯 者
張淑英

在閱讀
本書之前——

給讀者

　　《關於社會階級》是【明日之書】系列中的一本，專為兒童讀者編寫。這套書最早在1977年和1978年由西班牙的喜鵲科學出版社出版。當時西班牙的獨裁者佛朗哥*才剛逝世兩三年，整個國家經歷了一段過渡時期，在邁向民主的路上，有了最初的改變。

　　從那時到現在，雖然已經過了四十多年，但半頭牛出版社認為這套書的精神和大部分文字並沒有過時，因此決定搭配新的插畫，重新出版。文字部分只稍微更動了一些逗號（我們不能說連個標點符號都沒動），但是內容部分保持原貌。基本上，書中的理念和言論仍然適合現代閱讀，書末的問答也一樣。新版只在繪本的最後加上後記，補充說明這四十年來的變化。

　　這個系列原來的名稱是【明日之書】，新版也使用原名。如果我們能夠懂得這本書中所談論的事而不覺得驚訝，顯然是因為那個「明日」還不是「今日」。但我們希望那個「明日」很快到來。

*佛朗哥（Francisco Franco，1892–1975）於1975年11月20日逝世。原本葬在馬德里近郊的大十字架烈士谷（Santa Cruz del Valle de los Caídos），下葬近四十四年之後，2019年10月24日遷葬至首都馬德里以北，距離十三公里處的帕爾多－明多魯歐公墓（El Pardo–Mingorrubio）。

所有的人都生而平等。
但是，有些事情卻讓人們不平等：

力氣，

權力，

財富，

以及文化。

因為，打從一開始，就有一些人利用他人，
還用武力統治他人。

這些人強迫別人工作、思考和發明，好讓自己可以坐享其成。
因此，有些人富有，有些人貧窮；有些人是統治者，
有些人是被統治者。

有錢人家的孩子……一出生就有錢。
貧窮人家的孩子……一出生就貧窮。

有些人去讀收費昂貴的學校。其他人，只要能學習，
不論是在學校、在鄉里或在家裡，哪裡都好。

長大後，
有些人上大學，
有些人卻得去
工作賺錢。

這都是因為家庭、財富、學校、社區、朋友以及工作不同的
緣故⋯⋯這些因素，讓生來平等的人們變得不平等。

因此就有喝茶看報紙的工作……

也有揮汗如雨的工作。

上層社會的人，是一切的主人：
他們擁有土地、工廠、錢財……
甚至擁有勞工，
因為他們付錢給勞工，所以是主人。

正因為所有一切
都是他們的，
所以國家
也是他們的。

因此，他們也命令那些命令別人的人。

要執行或是要放棄，全看是不是對他們有利，
能不能讓他們過得更舒適。

因為上流階級就像一個籠子，別人沒辦法進去，
在裡面的人也不想出來。

他們想要繼續成為少數人，
才能一而再的享受這一切。

他們的習慣和觀念傾向保守，
因為他們想要保守一切。

而中產階級的人，
就處在所有事物的中間。

不是真正富有，
也不是窮到什麼都沒有。

不是做決定的人，
（雖然他們也支配一些事情）

也不是乖乖聽話的人。
（雖然他們一輩子
都在做別人吩咐的事情）

中產階級裡，什麼樣的人都有：
有些人住豪宅，
另外一些人住得很簡陋。

有些父母賺的多一點，
有些賺的少一點。

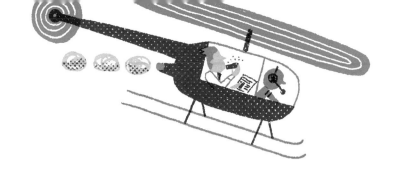

他們都想要像有權有勢的人一樣，
想跟最富有的人一樣，
也想跟最上流階級的人一樣。

中產階級很膽小：
他們怕有錢人，因為有錢人是主人。

他們怕窮人，
因為窮人有可能會奪走他們的工作。

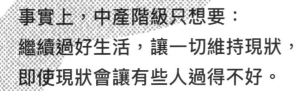

事實上，中產階級只想要：
繼續過好生活，讓一切維持現狀，
即使現狀會讓有些人過得不好。

但是大部分的人
既不屬於上流階級，也不屬於中產階級。

他們是勞工階級。

上流社會和中產階級的人
把他們叫做「低下階層」。

不是因為他們比較低下，也不是他們比較笨拙，
只是因為他們賺的錢比較少。

他們看起來像是最脆弱的人，
但是他們知道，如果團結一致，
就可以成為最強而有力的人。

他們也知道
國家是屬於大家的。

每個人都享有同樣的權利。

但是，社會階級一旦存在……

就會有階級鬥爭。

因為有錢人想要繼續有錢，
而貧窮的人不想再那麼窮。

關於社會階級，我覺得⋯⋯

1. 你覺得你屬於哪個社會階級？

答：＿＿＿＿＿＿＿＿＿＿＿＿＿＿＿＿＿＿＿＿＿＿＿

2. 你喜歡屬於哪個階級？

答：＿＿＿＿＿＿＿＿＿＿＿＿＿＿＿＿＿＿＿＿＿＿＿

3. 你是不是認為，沒有階級的社會比較公平？

答：＿＿＿＿＿＿＿＿＿＿＿＿＿＿＿＿＿＿＿＿＿＿＿

4. 你是不是認為，沒有階級的社會比較幸福？

答：＿＿＿＿＿＿＿＿＿＿＿＿＿＿＿＿＿＿＿＿＿＿＿

5. 你是不是真的相信，有政黨會真心誠意捍衛所有人的平等？

答：＿＿＿＿＿＿＿＿＿＿＿＿＿＿＿＿＿＿＿＿＿＿＿

6. 寫下你對社會階級的看法。

答：_____

_____

_____

_____

社會階級的昨日與今日

　　這本書最早是在1978年出版。從那時起到現在，發生過許多事：有很多新世代出生、很多老人去世。每個人的生命也都改變了，但是，如果我們認真審視，這世界其實並沒有改變太多，所有應該被改變的，並沒有全部都改變。人與人之間仍然存在著許多差別，這是真的，所以我們今天還可以繼續討論社會階級這個議題。

　　你手上的這個新版本，只有插畫是新的。以前大家都知道，穿著西裝禮服、抽著雪茄的紳士，就代表某個上流社會階層人士，同時大家也認為勞工就會穿著藍色的連身工作服，這種打扮同樣也是一種身分象徵，因為外表的差別，沒有人會搞混這兩種階級的人。到了今天，雖然有些現代的投機商人炒作復古風，讓禮服和雪茄重新流行，但總的來說，不管是哪種階級，穿著的方式已經沒有太大差別。可是，有件事沒變，那就是有錢人的慾望，他們想要獨自享有一些東西，好讓自己與眾不同。因此就會有極致誇張奢華的車子、會有比房子還大的遊艇、還有像皇宮一樣富麗堂皇的休閒別墅，甚至可以讓私人飛機降落在私人島嶼的私人飛機場。

　　二十世紀的七〇年代末，很多人以為未來的貧富差距會縮小，他們夢想著一個平等的未來。結果相反，最近這些年來，貧富差距反而變大：中產階級突然變窮（這讓大家都嚇了一跳），而很多基層勞工找不到工作。

作者簡介

育苗團隊
Equipo Plantel

「育苗團隊」共有三名成員，由一對夫妻及一位年輕女孩組成。先生是經濟線記者，太太是來自阿根廷的教師，兩人婚後住在馬德里。年輕女孩是這對夫妻的好朋友，也是一名經濟系的學生。三位作者經常聚集在年輕女孩的家裡聊天發想，一起做菜，也一起寫下【明日之書】系列。1977年底，該系列首次在西班牙出版，距離西班牙獨裁者佛朗哥逝世不過兩年。佛朗哥死後，四十多年來的獨裁政權終結，西班牙終於往自由的方向邁進。在此之前，想在雜誌上看到各式各樣的主題探討，以及為年輕人出版關於政治及社會問題的書籍，幾乎是不可能的事。在媒體及書籍出版方面，「育苗團隊」的成員有各種合作，但唯有【明日之書】是三人以團隊之名共同出版的。

譯者簡介

張淑英

馬德里大學西班牙＆拉丁美洲文學博士。2016年膺選西班牙皇家學院外籍院士。2019年起為西班牙王室索利亞伯爵基金會通訊委員。中譯《世界圖繪》，《佩德羅‧巴拉莫》、《紙房子裡的人》等十餘部作品。

譯者的話：這是我首度翻譯童書繪本，讓我回想起陪伴兩個女兒成長、為她們講故事的歲月。我也很開心能用孩童的語言，和他們討論成人關心的世界。

繪者簡介

尤安‧內格雷斯葛羅
Joan Negrescolor

1978年出生於西班牙的巴塞隆納

尤安‧內格雷斯葛羅是一位插畫家，他為廣告、媒體、童書或繪本甚至玩具畫圖。他畫卡通，同時也畫許多彩繪海報。

在每次委託的工作中，他都可以學到跟自己才藝相關的有趣事物。他也跟一些團體合作，希望讓自己所在的城市更適合人居住。當他不替別人繪畫時，他就為自己畫：他曾待過墨西哥，返鄉帶回了各式各樣的筆記本和紙張，上面全是他親筆畫的插圖。

最近，他的插畫全都是為他的兒子阿梅特構思的。阿梅特剛好在他畫這本繪本時出生。巧合的是──世界真是奇妙啊！──當這本書第一次出版時，也是尤安出生的那一年。

Thinking 048

關於社會階級
HAY CLASES SOCIALES

文字與構思｜育苗團隊 Equipo Plantel
繪　者｜尤安・內格雷斯葛羅 Joan Negrescolor
譯　者｜張淑英

字畝文化創意有限公司
社長兼總編輯｜馮季眉
責任編輯｜洪　絹
封面設計｜Bianco Tsai
內頁設計｜蕭雅慧

出　　版｜字畝文化創意有限公司
發　　行｜遠足文化事業股份有限公司（讀書共和國出版集團）
地　　址｜231 新北市新店區民權路 108-2 號 9 樓
電　　話｜(02)2218-1417
傳　　真｜(02)8667-1065
客服信箱｜service@bookrep.com.tw
網路書店｜www.bookrep.com.tw
團體訂購請洽業務部 (02) 2218-1417 分機 1124

法律顧問｜華洋法律事務所　蘇文生律師
印　　製｜中原造像股份有限公司

出版日期｜2019 年 12 月 4 日　初版一刷
　　　　　2024 年 5 月　　　初版二十刷
定　　價｜300 元
書　　號｜XBTH0048
Ｉ Ｓ Ｂ Ｎ｜978-986-5505-07-3（精裝）

HAY CLASES SOCIALES
Idea and Text by Equipo Plantel
Illustrations by Joan Negrescolor
Copyright © 2015 Media Vaca All rights reserved.
First published in Spanish by Media Vaca
Chinese complex translation copyright © WordField Publishing Ltd.,
a Division of WALKERS CULTURAL ENTERPRISE LTD., 2019
Published by arrangement with Media Vaca through LEE's Literary Agency